Nuestra reunión familiar

La resta

Suzanne Barchers

Créditos

Dona Herweck Rice, *Gerente de redacción*; Lee Aucoin, *Directora creativa*; Don Tran, *Gerente de diseño y producción*; Sara Johnson, *Editora superior*; Evelyn Garcia, *Editora asociada*; Neri Garcia, *Composición*; Stephanie Reid, *Investigadora de fotos*; Rachelle Cracchiolo, M.A.Ed., *Editora comercial*

Créditos de las imágenes

cover Sherri R. Camp/Kavram/Shutterstock; p.1 Sherri R. Camp/Kavram/Shutterstock; p.4 Rusty426/Shutterstock; p.6 (left) Lars Lindblad/Shutterstock, (right) Kavram/Shutterstock; p.7 Aron Brand/echo/Shutterstock; p.9 (top left) Woodsy/Shutterstock, (bottom left) James E. Knopf/Shutterstock, (right) Gunnar Pippel/Shutterstock; p.11 (left) Lars Lindblad/Shutterstock, (right) Kostas Tsipos/Shutterstock; p.12 (top) Chepko Danil Vitalevich/Shutterstock, (bottom) Péter Gudella/Shutterstock; p.13 EuToch/Shutterstock; p.14 Newscom; p.15 (left) Argunova/Shuterstock, (right) Peter Grosch/Shutterstock; p.17 Charles Taylor/Shutterstock; p.18 Danny E Hooks/Big Pants Production/BW Folsom/Shutterstock; p.19 (top) Andresr/Shutterstock, (bottom) Samuel Acosta/Shutterstock; p.20 Andresr/Shutterstock; p.21 Mark Stout Photography/Shutterstock; p.22 Stephanie Reid; p.23 Elena P./Shutterstock; p.24 Oleinik Dmitri/Shutterstock; p.25 (top) Lana Langlois/Shutterstock, (bottom) Paul Wood/Alamy; p.26 rustythedog/sturti/iStockphoto; p.27 Kadroff/Shutterstock; p.28 itographer/iStockphoto/arenacreative/Shutterstock

Teacher Created Materials

5301 Oceanus Drive
Huntington Beach, CA 92649-1030
http://www.tcmpub.com

ISBN 978-1-4333-2739-1

©2011 Teacher Created Materials, Inc.

Tabla de contenido

Organicemos la reunión

Para los Cole, el mejor día del año es en junio. Es cuando todos sus **parientes** se juntan para una **reunión familiar**. Se pasan todo el día jugando y comiendo al aire libre.

El año pasado, las familias votaron para elegir el **sitio**. Este año, los Cole de Chicago estaban a cargo. ¡En marzo llegó el momento de ponerse a trabajar!

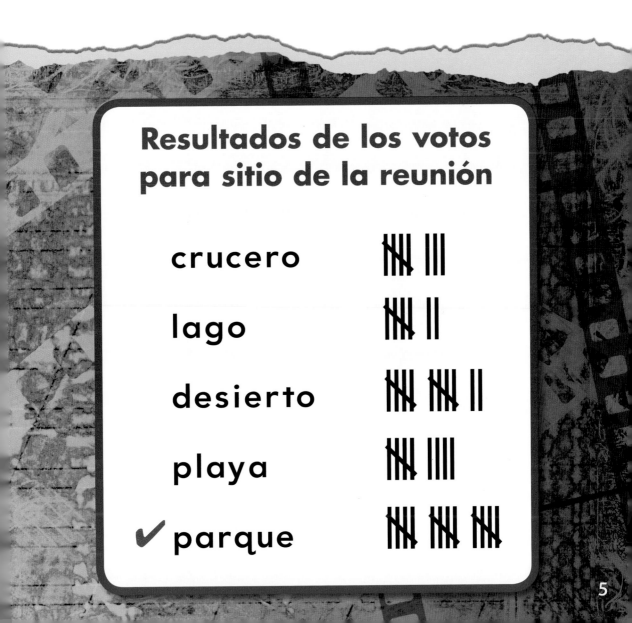

Resultados de los votos para sitio de la reunión

crucero	卌 |||
lago	卌 ||
desierto	卌 卌 ||
playa	卌 ||||
✔ parque	卌 卌 卌

La primera tarea fue encontrar un lugar para la reunión. Los Cole viven cerca de las montañas. Hay algunos parques estupendos con mucho espacio para toda la familia.

Reunión de los Cole
Tareas

1. Encontrar un parque.
2. Enviar las invitaciones.
3. Planificar el menú.
4. Asignar los alimentos para traer.
5. Planificar los juegos.
6. Comprar los premios.
7. Preparar la comida.
8. ¡Divertirse en la reunión!

Una vez que encontraron el lugar para el picnic, enviaron las invitaciones. Drew y Brit se ocuparon de llevar la lista de las personas que pensaban venir.

Reunión de la familia Cole

Exploremos las matemáticas

Lee los siguientes problemas. Utiliza la resta para resolverlos.

a. Había 29 familias invitadas a la reunión de los Cole. Sólo 3 familias no podrían asistir. ¿Cuántas familias estarían presentes?

b. Había 99 invitados. Sólo 11 personas no podrían asistir. ¿Cuántas personas estarían presentes?

Organicemos el picnic

Ahora, los Cole necesitaban planificar el menú para el picnic. Drew y Brit hicieron una lista de los alimentos que más les gustan a los niños. El señor y la señora Cole hicieron una lista de los alimentos que los adultos prefieren.

Menú para niños	Menú para adultos
queso y galletas saladas	queso y galletas saladas
perros calientes	pollo
hamburguesas	hamburguesas
papas fritas y salsas	vegetales y salsas
frijoles asados con salsa de tomate	frijoles asados con salsa de tomate
sandía	ensalada de pasta
bocados dulces de malvavisco	ensalada de papas
bizcocho con chocolate y nueces	plato de frutas
helado	té helado
cajas de jugo	refrescos
refrescos	agua
agua	

Luego **compararon** sus listas para buscar los alimentos que tenían en común. Se dieron cuenta de que necesitaban hacer algunos cambios.

Exploremos las matemáticas

En total, había 23 opciones en los menús. Sólo 5 de las opciones estaban en ambas listas. Si los Cole realmente compraran todos los alimentos incluidos, ¿cuántos productos deberían comprar?

Los Cole realizaron el menú final.
Usaron la **resta** para darse cuenta de que
asistirían más niños que adultos. Por lo
tanto, dejaron en la lista más cosas de las
que les gustan a los niños.

Cantidad total de asistentes	**88**
Cantidad de adultos	**−38**
Cantidad de niños	**50**

Pero se les ocurrió que el helado se derretiría si el día era muy cálido. También pensaron que las cajas de jugo serían más fáciles de llevar que las latas de refrescos. Entonces sacaron esas opciones del menú.

Menú final

1. queso y galletas saladas
2. pollo
3. hamburguesas y panecillos
4. salchichas y panecillos
5. papas fritas y salsas
6. frijoles asados con salsa de tomate
7. vegetales y salsas
8. plato de frutas
9. sandía
10. bocados dulces de malvavisco
11. bizcochos con chocolate y nuez
12. cajas de jugo
13. té helado
14. agua

Naranja fresca

Algunas de las 26 familias vivían cerca y podían traer alimentos. Otras estarían viajando en avión. Ayudarían con los costos.

Los Cole recordaron que necesitaban muchas cosas como platos, servilletas, kétchup y mostaza. ¡Qué bueno que muchas personas manejaron al parque y pudieron ayudar a llevar esas cosas!

Exploremos las matemáticas

Lee los siguientes problemas. Usa la resta para resolverlos.

a. Iban a venir 26 familias a la renuión. Había 12 familias que iban a venir en avión. El resto iban a conducir. Podrían ayudar a llevar los alimentos. ¿Cuántas familias iban a conducir?

b. Había 14 cosas en el menú. Resta de este número la cantidad de familias que conducirán. ¿Cuántas cosas quedaron en el menú?

Organicemos los juegos

Drew y Brit estaban a cargo de los juegos. Querían juegos que muchos niños pudieran jugar al mismo tiempo. Podrían comprar 10 bolsas de **arpillera** y turnarse para correr carreras de sacos. También podrían comprar cuerda para hacer una carrera de tres piernas.

También querían jugar a atrapar los huevos. El juego para niños pequeños que más le gustaba a Brit se llamaba "El pavo en la paja".

El pavo en la paja

Instrucciones:

1. Compra un fardo de paja.
2. Afloja la paja para formar una pila.
3. Esconde entre la paja 2 ó 3 monedas o premios pequeños por cada niño.
4. Invita a los niños a buscar entre la paja hasta que cada uno encuentre 2 ó 3 premios.

Tenían un pequeño **presupuesto** para los juegos. Podían gastar $30.00. Sumaron el costo de todas las cosas que tenían en la lista. No tenían suficiente dinero, pero no querían sacar nada.

10 bolsas de arpillera	$20.00
25 huevos	$6.00
fardo de paja	$3.00
premios para los juegos	$10.00
burbujas	+ $10.00
TOTAL	$49.00

Exploremos las matemáticas

Observa la tabla anterior. Luego contesta las preguntas.

a. Los costos ascendieron a $49. Había $30 en el presupuesto. ¿Cuánto dinero más se necesitaba?

b. Los abuelos de Drew y Brit tienen una granja. Podrían aportar la paja y los huevos. ¿Cuánto costarían los demás elementos si no se compraran estos dos artículos?

Después de conseguir gratis los huevos y la paja, se les ocurrió una nueva idea. Buscarían los premios en el sótano. ¡Encontraron toda clase de cosas estupendas! Usaron la resta para saber si podrían pagar el resto de las cosas en su lista.

TOTAL ORIGINAL	$49.00
Elementos	$6.00
a restar	$3.00
	− $10.00
NUEVO TOTAL	$30.00

El último día de la organización

El día antes de la reunión, los Cole compraron salchichas y panecillos. Tuvieron suerte. Las salchichas y los panecillos estaban en oferta. Llenaron el automóvil con todo para el día siguiente.

Salchichas

Precio de oferta: **$4 por paquete**
(Precio habitual: $5.00 por paquete)

Panecillos para salchichas
Oferta: **¡Compre uno y reciba otro gratis!**

Exploremos las matemáticas

Lee los siguientes problemas. Usa la resta para resolverlos.

a. Normalmente, el costo de 7 paquetes de salchichas es de $35. El precio de oferta era de $28. ¿Cuánto ahorraron los Cole en salchichas?

b. Normalmente, el costo de los panecillos para perros calientes es de $28. El precio de oferta era de $14. ¿Cuánto ahorraron en panecillos para perros calientes?

Drew y Brit prepararon letreros con flechas para ayudar a las personas a encontrar el parque. También hicieron un letrero grande que decía "¡Bienvenidos!".

Reunión → de los Cole

BIENVENIDOS

¡El día de la reunión!

A la mañana siguiente, los Cole salieron temprano para ir al parque. El señor y la señora Cole bajaron todas las cosas del auto. Drew colgó el letrero de bienvenida y Brit colgó el programa.

Programa de actividades

10:00 Abrazos y saludos
11:30 Encender el fuego de las parrillas
12:00 Picnic
2:00 Carreras de sacos
2:30 Juego "El pavo en la paja"
2:45 Carreras de tres piernas
3:00 Juego "Atrapar los huevos"
3:30 Encender el fogón
4:00 Canciones y bocados dulces con malvaviscos
5:30 Limpieza
6:00 Planificar el sitio de la siguiente reunión
6:30 Jugar con las burbujas
7:00 Abrazos y despedidas

Drew controló la lista de nombres cuando llegaron las familias. Brit les mostró dónde debían dejar los alimentos o el dinero. ¡Luego comenzó la diversión!

La señora Cole y Brit marcaron las **pistas de carreras**. Hasta los adultos querían participar de las carreras de sacos y de tres piernas. Entonces marcaron 3 pistas con distintas medidas.

Exploremos las matemáticas

Éstas son las medidas de las 3 pistas de carreras. Observa la tabla. Luego contesta las preguntas.

pista de carreras para adultos	35 pies de largo
pista de carreras para adolescentes	25 pies de largo
pista de carreras para niños	15 pies de largo

a. La pista para adultos mide 35 pies de largo. ¿Cuántos pies menos mide la pista para adolescentes?

b. La pista para adultos mide 35 pies de largo. ¿Cuántos pies menos mide la pista para niños?

c. La pista para adolescentes mide 25 pies de largo. ¿Cuántos pies menos mide la pista para niños?

Todos se divirtieron mirando a los niños que buscaban los premios en el fardo de paja. Cada niño encontró por lo menos 2 ó 3 premios.

Lo más divertido fue atrapar los huevos. Cada pareja de jugadores se paraba a 2 pies de distancia. Arrojaban huevos crudos a sus compañeros. Si el compañero los atrapaba, ambos participantes daban un gran paso hacia atrás y tiraban de nuevo.

Los ganadores se llevaron los perros calientes que sobraron como premio. ¡Los perdedores tuvieron que limpiar el desastre!

Pronto ya era la hora de ir a casa. Todos ayudaron a limpiar los restos de comida y el parque. Las familias ya habían votado para decidir el sitio de la reunión del año siguiente. Sería en la playa. Luego cargaron los automóviles.

Todos formaron un gran círculo alrededor de los Cole. Los niños les soplaron burbujas y les aclamaron por un gran trabajo. ¡Fue la mejor reunión a la que habían asistido!

Resuelve el problema

Intercambiemos tarjetas con amigos

Don, Taye y Stefan son amigos. A los tres les gusta coleccionar tarjetas. Leen el reverso de las tarjetas y observan juntos las fotografías. En total tienen 78 tarjetas de colección. Don tiene 32 tarjetas. Taye tiene 20. ¿Cuántas tarjetas tiene Stefan?

¡Resuélvelo!

Sigue estos pasos para resolver el problema.

Paso 1: Resta la cantidad de tarjetas que tiene Don del total de tarjetas.

Paso 2: Resta la cantidad de tarjetas que tiene Taye de la cantidad hallada en el paso 1. Ésta es la cantidad de tarjetas que tiene Stefan.

Paso 3: Suma la cantidad de tarjetas que tienen Don, Taye y Stefan para comprobar que hayas hecho bien tu trabajo. Deben sumar 78.

Glosario

arpillera—tela fuerte y áspera que se utiliza para fabricar bolsas y sacos

comparar—buscar en qué se parecen o diferencian 2 o más cosas

parientes—personas relacionadas generalmente por nacimiento o matrimonio

pista de carreras—distancia que se debe cubrir durante una carrera

presupuesto—plan para usar el dinero

resta—proceso para hallar la diferencia entre 2 números

reunión familiar—encuentro de miembros de una familia

sitio—lugar utilizado para un acontecimiento

Índice

Exploremos las matemáticas

Página 7:
a. 26 familias
b. 88 personas

Página 9:
18 productos

Página 13:
a. 14 familias
b. 0 alimentos

Página 16:
a. $19.00
b. $40.00

Página 18:
a. $7.00
b. $14.00

Página 22:
a. 10 pies menos
b. 20 pies menos
c. 10 pies menos

Resuelve el problema

Stefan tiene 26 tarjetas de colección.